By Laura Williams
Translated by Wang Ling

© 2022 Williams Books
1 rue de l'église, 91430 Igny
Dépôt légal : Décembre 2022
ISBN 978-2-494614-33-8
Imprimé à la demande par Amazon
Loi n° 49-956 du 16 juillet 1949 sur les publications destinées à la jeunesse

羚羊
[líng yáng] – antelope

蝙蝠
[biān fú] – bat

熊
[xióng] – bear

臭虫
[chòu chóng] – bedbug

蜜蜂
[mì fēng] – bee

水牛
[shuǐ niú] – buffalo

蝴蝶
[hú dié] – butterfly

骆驼
[luò tuó] – camel

猫

[māo] – cat

变色龙

[biàn sè lóng] – chameleon

小鸡
[xiǎo jī] – chick

鸡
[jī] – chicken

蟑螂
[zhāng láng] – cockroach

母牛
[mǔ niú] – cow

蟋蟀

[xī shuài] – cricket

鳄鱼

[è yú] – crocodile

狗
[gǒu] – dog

驴
[lǘ] – donkey

鸭

[yā] - duck

蚯蚓

[qiū yǐn] - earthworm

大象
[dà xiàng] – elephant

鱼
[yú] – fish

苍蝇
[cāng yíng] – fly

狐狸
[hú lí] – fox

青蛙
[qīng wā] – frog

羚羊
[líng yáng] – gazelle

长颈鹿
[cháng jǐng lù] – giraffe

山羊
[shān yáng] – goat

鹅

[é] – goose

河马

[hé mǎ] – hipopotamus

马

[mǎ] – horse

鬣狗

[liè gǒu] – hyena

狮子
[shī zi] – lion

蜥蜴
[xī yì] – lizard

鼴鼠
[yǎn shǔ] – mole

猫鼬
[māo yòu] – mongoose

猴子
[hóu zi] – monkey

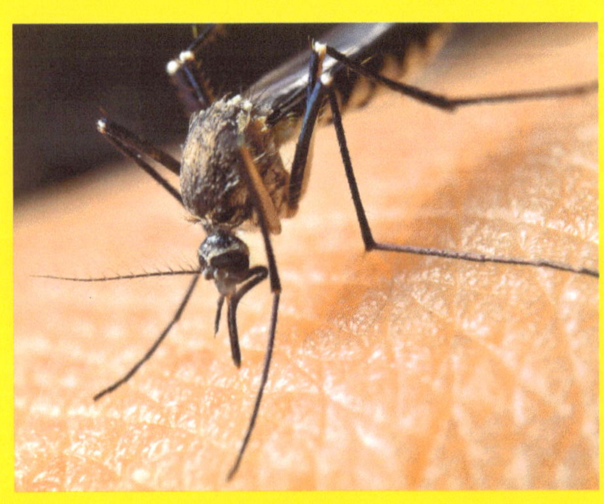

蚊子
[wén zi] – mosquito

老鼠
[lǎo shǔ] – mouse

鹦鹉
[yīng wǔ] – parrot

猪

[zhū] – pig

鸽子

[gē zi] – pigeon

兔子
[tù zi] – rabbit

公鸡
[gōng jī] – rooster

羊

[yáng] – sheep

蜗牛

[wō niú] – snail

蛇
[shé] – snake

蜘蛛
[zhī zhū] – spider

黄蜂

[huáng fēng] – wasp

斑马

[bān mǎ] – zebra

Thank you

Thank you for purchasing "Chinese-English Words for Toddlers"! Your support means a lot to me, and I hope you and your child enjoy these books.

If you have a moment, I would greatly appreciate it if you could leave a review on Amazon. Your feedback will help me improve future editions of the series and create more resources for bilingual children.

Thank you again for your support. You can access the reviews on Amazon by scanning the QR code below or by visiting the link below:

https://www.amazon.com/review/create-review?&asin=2494614333

Thank you for helping me continue my work as a language teacher and translator. Your support is greatly appreciated!

In the same collection